AF562611

LE CRI DU PATRIOTISME;

PAR DUJARDIN DE-BEAUMETZ.

» L'horreur du monde entier me parle contre un roi.
VOLTAIRE, *Trag. de la Mort de César.*

PARIS.

AN 5 DE LA RÉPUBLIQUE.

AVANT PROPOS.

La journée du 18 Fructidor ayant réalisé mes conjectures et rempli l'attente des patriotes, j'avois cru inutile de publier ces réflexions, mais les conseils de quelques amis m'ont déterminé à leur donner le jour.

En cédant à l'amitié, je m'estimerai heureux si les républicains qui me liront rendent justice à mes intentions et reconnoissent dans cet écrit les principes de l'homme de bien et l'expression de mes sentimens civiques.

LE CRI
DU
PATRIOTISME.

HOMMES LIBRES,

Quand la Liberté est menacée, attaquée, déchirée par les factions en fureur, quand la perte de la patrie est jurée par ses plus cruels ennemis, quand les passions n'ont plus de frein, chacun de vous doit se rappeler ses sermens, chacun de vous doit songer à ses devoirs..... chacun de vous doit se dévouer pour son pays !

Lorsque le crime triomphe insolemment, qu'il est protégé et honoré ; que la vertu est poursuivie, décriée et assassinée, une coupable indifférence doit-elle glacer tous les cœurs ? Faut-il dissimuler ses alarmes ? Faut-il craindre de heurter les préjugés, de blesser les convenances et de déplaire à l'amour-propre ? Faut-il devenir le complice du crime par un lâche et perfide silence?..... Non.... Le patriotisme doit reprendre une nouvelle énergie ; l'écrivain courageux doit faire entendre les accens de la vérité. Un élan sublime, un cri général doivent annoncer à tous les citoyens que le précipice est creusé sous leurs pas, et que la patrie est en danger.

Français.... tous vos maux n'ont qu'une source, une seule cause les a produit, c'est au royalisme que vous les devez, c'est l'hydre du royalisme qui vous dévore ; c'est le génie sanglant du royalisme qui préside aux fléaux dévastateurs dont vous êtes la victime et la proie.

Et moi aussi je me présente à la tribune de l'opinion publique. Et moi aussi je me porte accusateur du royalisme ;

c'est à la nation entière que je m'adresse ; c'est pour le salut de mes concitoyens que je prends la plume..... J'obéis à l'impulsion de mon cœur. O vous, tous, qui aimez la République, accordez-moi votre attention et votre indulgence !

De même que le guerrier au jour d'une bataille doit gémir sur la nécessité de prendre les armes et verser le sang humain, de même le publiciste en déclarant la patrie en danger doit déplorer les pénibles circonstances où il se trouve. Sans doute il en coûte à une ame sensible de prédire des déchiremens et d'offrir un tableau plein d'horreur. Que de réflexions doit faire l'ami de l'humanité avant de dénoncer ses semblables ! Combien ne doit-il pas invoquer la raison et la nature ; mais enfin il doit céder à l'évidence, à la conviction et à sa conscience ; il n'a plus à balancer, lorsque les faits parlent et que tout ce qui l'entoure peut lui servir de preuves. Je vous prends à témoin, royalistes sanguinaires, vous me forcez à présager des malheurs ; vos complots me portent à inspirer la défiance et l'inquiétude : voilà le premier délit que je vous impute. Ah ! il m'eut été si doux de prêcher la confiance et la concorde ; il m'eut été si agréable de n'avoir à retracer que des souvenirs flateurs et les images d'un bonheur parfait ! Faut-il donc que vos forfaits m'obligent à plaindre des infortunés, à désigner des coupables, tandis que mon cœur jouiroit tant s'il voyoit par-tout les hommes heureux et satisfaits ?

Ce n'est pas assez que d'accuser. Avec des phrases et de l'audace, on a dans tous les tems égarés les hommes et séduit leurs suffrages. Une trop longue expérience a dû convaincre de cette vérité l'immensité des Français, car depuis la révolution, on a vu des orateurs se succéder, et beaucoup, en parlant de la patrie, ne parler que d'eux ; en s'occupant du bien général, ne s'occuper que de leur intérêt ou de leur gloire ; tous ont semblé vouloir la félicité du peuple, tous ont promis un avenir meilleur, mais le sort du peuple n'a été jamais que le vain prétexte des ambitieux, qui oublient toujours, dès qu'ils sont parvenus à leur but, et ceux qui ont élevé leur puissance et la cause qu'ils défendoient, et leurs bienfaiteurs et leurs égaux.

Que conclure delà, si ce n'est que la coupe du pouvoir a toujours été enivrante, et qu'en l'approchant de ses lèvres, si l'homme conserve dans son cœur le desir de la domination, il sera bientôt ingrat envers la nation, pour n'être reconnoissant qu'envers lui même. Mais il est une autre conséquence, c'est que le peuple, trop souvent trompé, est rarement juste, et là où il devroit exercer sa souveraineté, il ne montre qu'une nullité absolue en devenant l'instrument de ceux qui substituent leur volonté à la sienne : il en résulte que le peuple, qu'on dit libre, reste dans l'esclavage ; qu'on ne lui exagère ses droits que pour s'en servir sans lui et quelquefois contre lui ; qu'il blâme ou qu'il loue au gré de ceux qui veulent le diriger... Eh ! quand est-ce que, devenu conséquent par ses propres fautes, connoîtra-t-il ses véritables défenseurs? que le vœu qu'il émettra sera vraiment le sien? Quand sera-t-il lui-même ? Jusques à quand quelques intrigans s'arrogeront-ils le droit d'être tout, et feront passer le résultat de leurs machinations comme un vote qu'ils n'ont pas recueilli ?

Je le répète, je souffre en démasquant des hommes que le sentiment de la pitié, s'il étoit plus fort que celui de l'indignation, ne me feroit que mépriser. Mais ma tâche est commencée. J'ai eu le courage de l'entreprendre, craindrois-je de l'achever? Si j'ai dit que la liberté étoit attaquée, craindrois-je de le prouver?

Oui, la liberté est menacée, attaquée, déchirée par les factions en fureur. Sectateurs de tous les partis, considérez l'état actuel de la République, et répondez-moi, démentez-moi si vous l'osez, si vous le pouvez : parcourez la France du Nord au Midi, de l'Est à l'Ouest, des murs de Maëstrick à ceux de Bayonne, de la Sambre au Rhône, des Cévennes au Jura, et par-tout vous verrez l'esprit anti-républicain dominateur ; vous verrez à côté du citoyen paisible l'agitateur furieux, du laboureur crédule le fanatique pervers, de la femme foible le bigot adroit et perfide ; auprès du jeune homme exalté le royaliste forcené, du patriote de bonne foi le contre-révolutionnaire décidé, du fonctionnaire public l'agent de Véronne et de Blankembourg. Le prêtre réfractaire et l'émigré ne se cachent plus ; ils quittent leurs souterrains pour frapper leurs victimes ; forts d'une impunité aussi inconcevable qu'atroce, ils n'ont plus besoin de se déguiser.... Le moment de la clémence nationale est pour eux l'instant de la vengeance, et tandis que le crucifix excite à la révolte, le poignard est levé de toutes parts sur tout ce qui n'a pas combattu la révolution.

Je sais qu'au milieu des troubles il est des citoyens qui, dormant d'un sommeil léthargique, n'y prennent aucune part ; mais ces dissentions sont-elles moins réelles, parce que des hommes, fatigués par la tourmente révolutionnaire, ne veulent pas croire à des périls? en existe-t-il moins des factieux? cette insouciance n'est-elle pas la suite des événemens affreux dont la longue liste échappe même à la mémoire? n'est-elle pas un nouveau crime des factions qui, en renouvelant sans cesse des attentats inouis, veulent en familiariser le spectacle? d'ailleurs, le crime a aussi sa probabilité; il est des forfaits qui paroissent invraisemblables à la raison humaine: jadis le législateur de l'Attique ne crut point au parricide.

On me répondra que la sécurité d'une partie de la nation doit rassurer l'autre, et que cet état d'agitation est nécessaire à un peuple libre. On me citera des exemples, on m'ouvrira les fastes de l'histoire...... Insensés ou perfides! où avez-vous donc vu que les divisions étoient la base d'un gouvernement libre? L'agitation est-elle l'essence du bonheur? Pour être heureux, faut-il être en guerre civile? La démocratie est inquiette, ombrageuse, mais faut-il la rendre injuste, cruelle, vexatoire et insupportable? Parce que les Républiques anciennes ont eu des tems de calamités, ne devons-nous attendre que des époques semblables?

Cependant, ce seroit trop exiger que de vouloir un accord unanime à la suite d'une révolution qui a tout changé. Dans la société, il est toujours des intérêts qui divisent. Les institutions de la philosophie ne peuvent, sans mécontenter beaucoup d'individus, remplacer un ordre de choses qui a dû avoir des partisans irascibles et puissans. Les préjugés, quoique détruits, laissent des traces dangereuses, et les orages politiques font au corps social des blessures profondes, qui ne veulent pas même être guéries avec précipitation. Ce sont ces vérités morales et d'expérience qui doivent nous éclairer; mais s'appliquent-elles aux circonstances présentes? Ne devrions-nous pas être loin de la révolution? Après une lutte de huit années, sont-ce les ennemis de la liberté qui doivent être les plus nombreux? Et, on peut le dire avec certitude, d'un bout de la République à l'autre ils s'agitent, ils conspirent, par-tout ils sont audacieux, par-tout ils se flattent de la victoire...... A peine ose-t-on la leur disputer; et la liberté n'est pas menacée!.....

La liberté n'est pas menacée, et journellement des écrivains mercenaires la mettent en problême!..... La liberté n'est pas attaquée, et sans cesse on la ridiculise, on la diffame!..... La liberté n'est pas déchirée, et on souffle par-tout les brandons de la discorde, on oppose le pouvoir au pouvoir, les citoyens aux citoyens, l'armée à l'armée; la Renommée aux cent voix n'est plus que l'écho de la calomnie; la proscription et la mort sont réservés aux patriotes..... Auteurs de tant de maux, que voulez-vous de plus? Il existe des lois, me direz vous.....; des lois, eh! que peuvent-elles, quand vous les interprétez d'après vos passions, quand vous les enfreignez sans retenue, et quand vous ne cessez de les avilir? Vous vous dites amis de l'ordre, et vous avez organisé la confusion et l'anarchie! Vous vous dites amis de l'humanité, et des assassinats se commettent à votre voix, et le sang des républicains coule par vos ordres!.....

Oui, la perte de la patrie est jurée par ses plus cruels ennemis; l'abominable dessein de l'anéantir s'exécute sans relâche; chaque jour, la révolution fait un pas rétrograde; les patriotes sont dans l'abattement et le désespoir, tandis que les royalistes se livrent à l'espérance et à la joie. Je le demande aux hommes les plus aveugles, le gouvernement peut-il subsister avec un tel état de choses? Dès-lors que la Constitution d'un empire est sans force, que le mépris des lois est aux yeux de la plupart des citoyens une vertu et un devoir, je ne vois plus que désorganisation et dissolution, je suis tenté de m'écrier comme ce Lacédémonien: *Laissons dormir les lois et sauvons la patrie.*

Ah! j'en atteste les dieux! je voudrois que l'union régna dans tous les cœurs, je voudrois que l'état n'eut que des citoyens fidèles; mais puis-je espérer que les ennemis déclarés et acharnés de la démocratie en seront jamais les sincères partisans? puis-je le croire, si je consulte le passé? On a toléré des fautes, et cela a-t-il empêché qu'elles se renouvellassent? On a excusé des égarés, et cela les a-t-il corrigés? On a employé des mesures de douceur et de conciliation, et cela a-t-il rendu l'aristocratie repentante? On a exigé des sermens, et qu'ont-ils produit, si ce n'est des parjures et des traîtres? Les émigrés, avant d'être bannis à perpétuité, ont eu des délais; y ont-ils obéi?..... Désabusez-vous, Français, un de vos Représentans vous l'a dit: « De tous les tems, le retour des » exilés ou des bannis a été l'époque de nouvelles révo» lutions dans les Etats. » Eh! croyez-vous que les émigrés oublieroient ce qu'ils ont souffert? Il en est parmi vous, et, dans le nombre, qu'on m'en cite un seul qui soit l'observateur des lois! Tous n'ont dissimulé d'abord, que pour frapper plus sûrement; ils n'ont étouffé leur ressentiment que pour le rendre plus terrible ; ils n'ont caché leurs poignards que pour s'en servir dans un tems plus favorable. Lyon, Marseille, Avignon sont-ils le foyer de la paix depuis que les contre-révolutionnaires y affluent ?

Sans doute il faut soulager le malheur, mais il ne faut pas innocenter le crime ; sans doute il faut pardonner à l'erreur, mais il ne faut pas élever un autel à la scélératesse ; sans doute il faut convertir, mais est-ce en faveur du royalisme qu'on doit faire des prosélytes ? Sont-ce les maximes de la monarchie qu'on doit propager exclusivement ? Où retrouve-t-on cette énergie brûlante qu'on remarquoit aux beaux jours de la révolution ? On n'entend plus que des imprécations contre la liberté, des regrets sur les institutions despotiques, des vœux pour le retour des droits féodaux. On maudit hautement la République et ses défenseurs ; on parle des crimes qu'elle a éclairés, et on se tait sur ses bienfaits ; on conspue celui qui la soutient, et on applaudit à celui qui veut la détruire ; on s'appitoye sur le sort de ses ennemis, et on ne s'arrête pas sur les besoins pressans, sur la pénurie extrême de ses braves guerriers !

Qu'on promène ses regards sur les bords ensanglantés de Vaucluse ; que dis-je ! qu'on se transporte sur le Doubs, la Garonne, et dans tous les départemens, on verra que celui qui se plaint du gouvernement est accueilli avec transport, que par-tout il y a du danger à s'avouer patriote, que c'est un crime que d'avoir aimé la République, que le militaire mutilé dans les combats, loin d'être consolé, secouru, honoré, est dédaigné, humilié, et abandonné ; qu'on fait droit au placet de l'émigré, et qu'on rejette la pétition de l'artisan.

Dans les sociétés, il en coûte de prononcer les titres civiques. Le beau nom de *citoyen* est devenu une injure dans la bouche de la majorité des Français. Ce qui rappelle les souvenirs de la royauté est seul agréable, seul écouté. Les fêtes républicaines ne sont que de vaines formalités, des fêtes illusoires ; le fonctionnaire seul y assiste, et encore est-ce par contrainte. Voilà notre situation politique, voilà où en est le peuple le plus policé et le plus éclairé de l'univers !..... Qui voleroit à la défense de la patrie, si nos frontières étoient entamées ? Qui contribueroit volontairement aux dépenses publiques ?

Français, où en sommes-nous ? Qu'ont produit huit ans

de révolution ? Touchons-nous au moment du repos et de la félicité ? Ce bonheur, qu'on nous promet sans cesse, est encore idéal, parce que chaque jour en éloigne l'époque par de nouveaux événemens. Nous sommes moins avancés que nous ne l'étions en 1789. La liberté, dans son berceau, faisoit plus de progrès qu'elle n'en fait aujourd'hui. Au moins, il y avoit concert au jeu de paume, il y avoit accord au 14 juillet.... Eh ! quoi ! au 22 septembre 1792, la Convention a proclamé unanimement la République, et cinq ans après il existe une funeste division dans le Corps législatif ; 204 voix votent au conseil des Cinq-Cents pour abstenir les ministres du culte, les prêtres réfractaires d'une promesse d'obéissance aux lois, et 90 votent au Conseil des Anciens l'infraction de la Constitution en faveur des émigrés !.. la postérité le croira-t-elle ?... Lorsque le peuple sur la place du Carrousel entendoit sonner, au 10 août, la dernière heure du despotisme, pensoit-il que tant de courage et un triomphe aussi éclatant n'ameneroient, au bout de quelques années, qu'un trône prêt à se relever avec des amis plus nombreux et un code plus tyrannique ?

Mais, me dira-t-on, dans l'ordre de la nature le mal est toujours placé à côté du bien, et il est presqu'impossible d'en éviter le mélange. A côté de la vertu on voit ordinairement le vice ; Thersite fut contemporain d'Achille ; à Rome, les décemvirs odieux succédèrent aux consuls estimés ; trente tyrans désolèrent Athènes après que Périclès l'eût rendue florissante et heureuse.... Ne devrions-nous pas, au contraire, profiter de ces exemples ? Pourquoi nos lois n'en imposent-elles pas à tous les perturbateurs? *Violer les lois, c'est être impie*, dit J. J. Rousseau : ah ! que la République renferme d'impies ; et cependant il n'en est aucun qui, prenant le ton de la plus insigne hypocrisie, ne vante son obéissance à la volonté nationale qu'il méconnoît, son attachement à la Constitution qu'il déteste, et son amour pour le peuple qu'il trahit.

Eh ! quoi ! la nation aux trente millions d'hommes succomberoit sous des factions après avoir vaincu l'Europe coalisée. Eh ! quoi ! le peuple dont les phalanges ont pénétré victorieuses jusqu'au-delà de Léoben, ne résisteroit pas à quelques conspirateurs. Eh ! quoi ! la puissance que bordent les Alpes et les Pyrénées, que baignent la Méditerranée et l'Océan, cette puissance, qui domine aux Antilles et s'étend dans les quatre parties du monde, ne seroit pas assez forte pour maintenir sa souveraineté ; redoutable au-dehors, n'offriroit-elle au-dedans que l'image de l'inertie et de la foiblesse ? Français, rappellez-vous ces lieux que votre valeur a illustrés, rappelez-vous vos glorieux trophées, rappelez-vous des rives du Rhin, de la Bidassoa, du Zuiderzée, du pont d'Arcole, des plaines de Fleurus. C'est là que, combattant pour la liberté, vous avez scellé la victoire de votre sang. Hommes de la révolution, vous qui l'avez créée, souffrirez-vous qu'elle périsse ? Hommes bons et confians, qui avez consolidé la République par vos écrits et vos actions, voudriez-vous reprendre des fers que vous avez brisés ? Vainqueurs de la Bastille, laisseriez-vous rétablir des donjons dont vous avez sappé les fondemens ? Le séjour des tombeaux doit-il être encore l'asile de la vertu ? n'y a-t-elle pas assez séjourné ?

Oui, on conspire sans pudeur et sans mesure. Si ce que je viens de dire ne le justifie pas assez, je citerai de nouveaux faits. Je demanderai d'abord si les mêmes hommes qui dès l'aurore de la révolution se sont élevés contr'elle, n'ont pas conservé le même ressentiment ? L'esprit de parti qui les anima toujours ne les dirige-t-il pas encore ? Niera-t-on l'existence d'une faction puissante qui s'est constamment opposée aux progrès de la liberté ? L'aristocratie n'a-t-elle pas aussi ses vétérans ? La révolution, faite pour le peuple, a manqué son but ; ses développemens, loin de la faire aimer, n'ont servi qu'à la faire haïr. Eh ! pourquoi ? parce qu'une conspiration aussi vaste qu'horrible a su s'emparer d'elle et la rendre odieuse par le concours de tous les crimes.

Cette conspiration a suivi la révolution dans tous ses périodes ; son centre est dans notre sein, ses ramifications sont dans toute l'Europe ; son espoir criminel est fondé sur nos divisions. La royauté ne peut nous subjuguer à main armée, elle veut nous faire détruire par nous-mêmes : aussi tous les fléaux ont été déversés tour-à-tour. La famine a dévoré le peuple, nos ressources ont été dilapidées, nos finances sont délabrées, la plus belle jeunesse a péri dans les batailles ; les factions diverses se sont disputées un triomphe qui n'a encore été que le signal du meurtre ; chaque ordre de choses a eu ses victimes. Eh ! au milieu de ces maux, vous ne reconnoissez pas la main de la royauté ? Vous douteriez-vous que c'est elle qui conspire ? Ah ! c'est bien elle qui a armé les fédéralistes et les jacobins, les modérés et les exagérés; c'est elle qui a livré Verdun aux Prussiens, Toulon aux Anglais, et la Vendée aux brigands; c'est elle qui a fait exécuter, par les scélérats qu'elle soudoyoit, les massacres de septembre, du Midi et de l'Ouest. Nous lui devons la guerre des chansons, la dispute des collets, le supplice des 22, la détention des 73, les mouvemens de germinal, de vendémiaire et de Grenelle, l'infâme agiotage et l'affreuse mendicité. C'est son or corrupteur qui nous a valu des défaites; Lafayette et Dumouriez étoient ses généraux; Chaumette et Robespierre ont été ses agens passifs; par elle tout a été défiguré; elle nous a porté successivement de l'énergie à la mollesse, de la sévérité à l'indulgence, de la justice à l'arbitraire, de la froideur au délire, et de la clémence à la fureur.

Aigrir les esprits, donner à chaque individu des motifs d'inquiétude et de mécontentement, augmenter la misère publique, abattre un parti par un autre, rendre la législation incohérente, obscure et versatile. Substituer à l'empire des lois, celui des circonstances, et au pouvoir de la constitution, celui de quelques hommes : voilà le plan du royalisme. Ah! ses émissaires ne s'y sont que trop conformés, et n'ont que trop réussi.

Remarquez le royalisme dans sa marche. Il se sert de tout, profite de tout, et brise ses instrumens dès qu'ils lui sont inutiles (Danton n'avoit-il pas fait décréter le tribunal révolutionnaire?) Ce qui aura été approuvé à telle époque est blâmé dans telle autre; ce qui a été rejeté dans l'an IV, est adopté dans l'an V; une persécution fait place à une persécution nouvelle, nos principes changent comme les tems, rien n'est sûr, tout est vague; en punissant un conspirateur, on épouse ses projets; les ennemis de la terreur la propagent eux-mêmes. On ferme des cachots et on ne cesse d'en r'ouvrir! On essuye des larmes et on ne cesse d'en faire répandre! La justice varie dans ses formes, elle est soumise à la puissance des hommes, et on ne cesse d'invoquer son impartialité! La constitution ôte à l'armée le droit de délibérer, et on l'a fait délibérer sur la constitution même; on improuve aujourd'hui ses adresses, et jadis elles obtenoient la mention honorable; vouloit-on la punir quand elle applaudissoit aux journées de thermidor et de prairial, quand elle se prononçoit sur la chûte du triumvirat?.... Quoi! l'armée jure haine au royalisme et aux factieux, et on la calomnie, on l'outrage, on propose contr'elle une loi digne de figurer dans le code de Dracon!..

Quoi ! on plaint le sort des émigrés et on condamne les vainqueurs de la liberté, les libérateurs de l'Italie et les conquérans des Pays-Bas ! .....

Oh ! qu'ils connoissent bien le cœur humain nos perfides adversaires ! qu'ils ont bien étudié nos caractères et nos mœurs ! Ils savoient bien qu'en portant tout à l'extrême, ils inspireroient à l'universalité des citoyens le dégoût et l'horreur. Ils espèrent que le peuple, ennuié d'une déplorable perplexité, ira de lui-même à la royauté ; ils croyent que du sein d'une anxiété douloureuse, la masse des hommes de bien proclamera un maître..... Que ce plan est atrocement combiné ! Pour renverser la République, il faut donc en faire le théâtre de toutes les fureurs ; il faut donc que les crimes de dix-huit siècles s'y commettent en quelques années, que les scènes épouvantables de la Saint-Barthélemy, des vêpres Siciliennes, de la guerre du Péloponèse, et de la dictature de Scylla, nous rendent le peuple le plus malheureux de la terre, et que n'ayant plus à choisir qu'entre la mort et l'esclavage, notre lâcheté décide..... des échafauds ou des chaînes ! ... Quelle perspective ! .. Républicains ! envisagez l'avenir qu'on vous prépare ! ....

Le royalisme, après avoir dénaturé nos inclinations, perverti nos mœurs, nous tient ce langage astucieux : « Pour » être libre il faut être vertueux, juste, persévérant, pru- » dent, inflexible, et vous n'êtes que légers, impétueux » et inconstans, vous vous croyez des *Catons*, et vous » n'êtes que des Sibarrites, vous n'avez d'autre boussole » que le caprice des passions ; votre prétention à la liberté » est donc une folie. »

Mais qu'est-ce qui a empêché notre régénération, si ce n'est le royalisme ? Sans lui nos écoles auroient réformé nos usages, nous n'aurions pas eu une guerre dispendieuse et meurtrière ; les cœurs ne seroient point ulcérés par la vengeance, la terreur n'auroit pas porté la désolation dans les familles, nous n'aurions pas été de réaction en réaction : aussi, le représéntant du peuple Eschasseriaux aîné, s'écrioit-il, dans la discussion sur la police des cultes ; « D'où » vient cette réaction d'idées, de principes et de légis- » lation, et où peut-elle nous conduire ? Jusques à quand » serons-nous donc toujours, aux yeux de l'Europe, les » jouets des opinions les plus extrêmes, que l'artifice de » nos ennemis sait répandre parmi nous ? Jusques à quand, » par des pétitions que l'intrigue provoque ou sollicite, » nous fera-t-on briser chaque jour, de nos propres mains,

„ le ressort de nos lois, et changer à chaque législature
„ notre législation en un instrument de faction et de parti?
„ Aujourd'hui on vous demande des cloches et des prêtres;
„ demain, peut-être, on vous demandera le rétablissement
„ des ordres religieux; la royauté même, revendiquant ses
„ droits, sous des formes populaires, deviendra pétition-
„ naire à cette barre, et il n'y aura plus de terme à l'au-
„ dace, à l'adresse des pétitions, que celui du renverse-
„ ment de notre constitution. „

Certes, nous sommes les jouets des opinions les plus extrêmes, mais aussi des plus contradictoires, car les mêmes hommes qui soutenoient le pouvoir exécutif en 1792, l'attaquent en ce moment; ceux qui vouloient l'année dernière la liberté illimitée de la presse, veulent la restreindre aujourd'hui, Que de contrariétés dans notre législation! Une femme qui avoit eu dessein d'attenter à la vie de Boissy-d'Anglas est suppliciée, et l'abbé Poule, l'assassin de Sieyes, est condamné aux fers. Là, des prévenus d'une conspiration dont le fait n'est pas constant (suivant la déclaration du jury) subissent la peine de mort; et ici, des conspirateurs convaincus sont presqu'absous!..... Jurisprudence inconcevable, abus étrange, résultat monstrueux. Les droits de l'homme veulent que la loi soit égale pour tous les citoyens, soit qu'elle protège, soit qu'elle punisse, et des coupables sont privilégiés! Et il est des exceptions pour les prisonniers du Temple, lorsque ceux de Vendôme sont envoyés au trépas ou à la plage des déportés!...

Que penser d'une législation qui admet des exceptions et des applications diverses, avec laquelle on peut créer des peines pour des délits imaginaires? Tant qu'elle pourra être modifiée ou étendue au gré des hommes, elle sera une source de malheurs. Tant que son explication ne sera pas une, qu'on pourra profiter des tems pour faire des lois de circonstances et des réglemens provisoires, il n'y aura point de sûreté pour l'innocent, point de punition pour le coupable, point de garantie pour les citoyens; l'un sera frappé quand l'autre pourra se soustraire. « A Sparte,
„ disoit Pausanias, les lois commandent aux hommes, et
„ non les hommes aux lois. „ Nos Licurgues français pourroient-ils en dire autant?

Moi aussi je m'intéresse aux infortunés; moi aussi j'abhorre l'anarchie; je réprouve ses effets destructeurs; je voue à l'exécration des siècles ceux qui ont participé à l'assassinat de l'innocence et au vol de la fortune publique.

Mais je voudrois un terme à l'animosité ; je ne voudrois pas que le Républicain probe et pur fut confondu avec le criminel et le fripon ; pour indiquer les derniers faut-il signaler les premiers ? Le légitime anathême lancé contre les uns, peut-il s'appliquer aux autres ? Doit-on inférer de-là qu'une république soit un gouvernement impraticable ? Parce qu'une institution a été souillée par quelques crimes, doit-il s'en suivre qu'elle ne soit plus utile, qu'elle ne puisse produire de bien, et qu'il faille la placer dans le code des institutions désorganisatrices ? S'il en étoit ainsi, qui plus que la royauté devroit être proscrite ? Quel est donc le trône où des monstres n'ont pas siégé ?.... La Thrace a gémi sous ses Atrées, Rome a langui sous Néron, Domitien et Caracalla ; l'Asie a été opprimée par les Gengis et les Tamerlan ; la Perse a eu ses Ochus ; la Sicile ses Denis ; le Dannemarck, Christiern II ; les Bretons, Cuniglas ; et la France, Charles IX.

On accuse la faction d'Orléans. Je n'aime pas plus le ci-devant duc de Chartres que le Prétendant ; mais pourquoi nous effrayer par des fantômes, est-ce pour voiler la vérité ? Pourquoi nous aveugler par des chimères ; est-ce pour nous distraire des véritables dangers ? Le tems des rêves politiques est passé, ceux qui les publient trompent ou s'abusent. Où est donc cette faction d'Orléans ? où sont ses chefs ? Quels sont ses moyens ? Où agit-elle ? Sans dénoncer vaguement, on devroit administrer des preuves. Si la maison d'Orléans conspire, ses agens doivent être punis. Toute faction doit être également combattue ; mais je cherche celle-là par-tout, et ne la trouve nulle part ; ceux qui en parlent si souvent, en sont-ils donc les meneurs ?

Il n'en est pas de même de Louis XVIII. Ses missionnaires, ses élus sont connus ; ses manifestes se publient audacieusement, sa correspondance est divulguée ; on embauche, on enrôle en son nom, il s'annonce comme roi de France aux cours qui nous font la guerre ; il prend ce titre dans tous ses actes. Qui ne croiroit pas à ses trames infernales, quand elles sont évidentes et qu'on peut s'en convaincre par une expérience journalière ?....

Tous les jours des représentans du peuple parlent de rapprochement et engagent à la concorde. Ces discours sont louables, mais sont-ils sincères, puisqu'ils restent sans effet ? Depuis trois ans le même langage a été tenu et toujours aussi infructueusement. C'est qu'on affiche des vœux qu'on ne partage qu'imparfaitement. On souhaite l'union, mais on la desire envers soi et non envers les autres ; on veut inquiéter et ne pas l'être ; on consent à tout oublier hors ce qui est personnel.

Législateurs infidèles! avez-vous reçu un mandat contre-révolutionnaire ? n'êtes-vous donc pas comptables envers vos commettans ? sans vos divisions la paix la plus glorieuse auroit couronné nos innombrables succès, et par elles nous touchons au moment de recommencer la guerre. Peut-être le sang va ruisseler encore, et c'est vous qui l'aurez causé ; c'est vous qui l'aurez voulu! Chaque famille peut vous demander un parent ou un ami. Ah ! que votre propre ouvrage vous fasse frémir ! Ce que ne peut en vous l'amour de la patrie, les remords ne devroient-ils pas l'opérer ?

Français ! remplissez vos devoirs ; défendez vos droits, et vous jouirez du calme.

On vous dira que la tranquillité ne peut être au sein des républiques ; . . . . mais Carthage n'a-t-elle pas été plusieurs siècles sans divisions ?

On vous dira que le peuple pour exercer sa souveraineté doit avoir des lumières ! Certes les sciences sont utiles à la prospérité des états ; mais les Spartiates étoient-ils savans ? Lacédémone n'étoit point l'école des talens, et on y étoit aussi heureux qu'à Athènes.

On vous dira que la soif des richesses, le desir de l'ambition étouffent les sentimens simples et modestes de la démocratie ; mais faut-il conclure de là que la profession du laboureur et l'industrie de l'ouvrier ne sont pas préférables aux spéculations du banquier? A notre honte, peu de nous aimeroient mieux être pauvres comme Aristide, que riches comme Callias ; peu de nous, en prenant le timon des affaires, voudroient, comme Cléon, renoncer à ses amis ; peu de nous s'applaudiroient, comme Pédarette, d'être éloignés des fonctions publiques ; peu de nos dames imiteroient la femme d'Asdrubal. Nous sommes loin d'avoir contracté les austères habitudes des Romains ; mais ne pouvons-nous nous régénérer à l'école des vertus ? ne pouvons-nous maîtriser nos passions ? le patriotisme n'a-t-il plus d'empire sur nos cœurs ? sommes-nous réduits à faire l'éloge de la liberté ? chaque homme n'est-il plus susceptible d'apprécier la sublimité de son être ? Peuple ! on te vante la modération du royalisme ; on te peint la tyrannie douce et compatissante. Ah ! de tous les tems la royauté fut cruelle et barbare ;

l'histoire de toutes les nations ne le prouve-t-elle pas ? Les rois sacrifient jusqu'à leurs amis ; Henri IV, le moins inhumain de nos despotes, pardonna t-il à Biron ? O vous tous qui avez pris part à la révolution, vous seriez immolés ! Paris seroit saccagé. Eh ! qu'importe à la royauté de régner sur des cadavres et des décombres ! que lui importe d'égorger une partie des hommes, pourvu qu'un sceptre de fer pèse sur l'autre !

Républicains ! il en est tems ; prononcez-vous ! que tout prétendant, que tout Pisistrate trouvent dans votre courage le sort de Catilina, le destin de Pompée, la tombe de César, la fin d'Antoine, la mort de Gesler et l'échaffaud de Roberspierre ! Que le royalisme soit vaincu à jamais ! que les émigrés fuient le sol qu'ils ensanglantent ! que la liberté reparoisse formidable et triomphante ! que la République se consolide au milieu des orages, terrasse ses ennemis et soumette tous les cœurs !

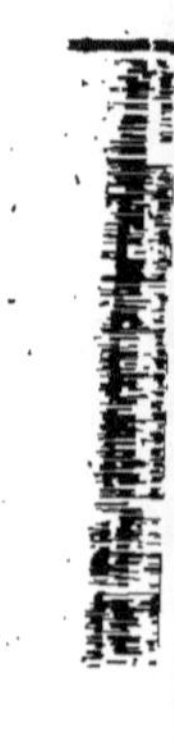

www.ingramcontent.com/pod-product-compliance
Lightning Source LLC
LaVergne TN
LVHW010300230826
846091LV00007B/3073